Wirtschaftspsychologie: HAPA Modell, Einstellungsmessung, Organisationsklima

Felicitas Göbel

Bibliografische Information der Deutschen Nationalbibliothek:

Die Deutsche Nationalbibliothek verzeichnet diese Publikation in der Deutschen Nationalbibliografie; detaillierte bibliografische Daten sind im Internet über http://dnb.d-nb.de abrufbar.

ISBN: 9783346553102
Dieses Buch ist auch als E-Book erhältlich.

Einsendeaufgabe

Modul:

Wirtschaftspsychologie

Aufgabe:

Alternative B   April 2020

Bearbeitet durch:

Felicitas Göbel

Studiengang: Wirtschaftspsychologie

Inhaltsverzeichnis

Glossar

Metakognitiv (Metakognition) = Auseinandersetzung mit den eigenen kognitiven Prozessen, wie den Gedanken, Meinungen, Einstellungen, der Aufmerksamkeit oder Kreativität. Dies umfasst das eigene Wissen sowie die Kontrolle über die eigene Kognition.

Abkürzungsverzeichnis

Abb.	Abbildung
Aufl.	Auflage
Eds	Editors (Herausgeber)
et al.	und andere
e.V.	eingetragene Vereinigung
HAPA	Health Action Process Modell
IAT	Implicit Association Test - Impliziter Assoziationstest
o. J.	ohne Jahr
vgl.	vergleiche
WHO	Weltgesundheitsorganisation
z.B.	zum Beispiel

Abbildungsverzeichnis

Tabellenverzeichnis

1.0 Teilaufgabe

1.1 Das HAPA Modell und die Anwendung

Das folgende Gesundheitsmodell wird anhand des vorgegebenen Beispiels "Raucher Entwöhnung" erklärt. Das Health Action Process Modell auch HAPA genannt, ist ein sozial-kognitiv Prozessmodell des Gesundheitsverhaltens. Dieses Modell ist eine Erweiterung und Integration bestehender Gesundheitsmodelle und versucht komplexe Mechanismen der Verhaltensänderung darzustellen. Im Bezug dessen werden nur Variablen verwendet, die für das Gesundheitsverhalten relevant sind. Der Verlauf einer Verhaltensänderung ist in die Motivationsphase und in die Volitionsphase gegliedert. [1] Das Modell hat zwei Grundprinzipien. Das erste Prinzip sagt aus, dass die nächste Stufe in diesem Modell erst erreicht werden kann, wenn die vorherige Stufe durchlaufen wurde. Des Weiteren können für das Überwechseln in die nächste Stufe verschiedene Variablen verantwortlich sein.[2] Das HAPA Modell ist wie folgt aufgebaut und wird im anschließenden Text erläutert.

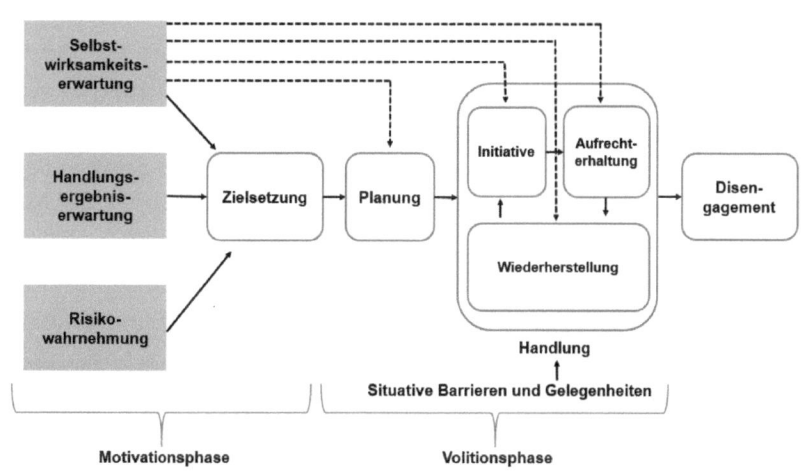

Abbildung 1: Health Action Process Approach

(Quelle: Eigene Darstellung in Anlehnung an Schwarzer (2004))

---

[1] Vgl. Vollmann / Weber (2005), S.444
[2] Vgl. Lippke / Schüz (2018), S. 6

Zu der Motivationsphase gehört die Bildung einer Intention oder auch Zielsetzung genannt, um ein Risikoverhalten zu unterbinden oder ein Gesundheitsverhalten zu beginnen. Die drei kognitiv-affektiven Variablen, wie die Selbstwirksamkeitserwartung, Handlungsergebniserwartung sowie Risikowahrnehmung beeinflussen die Intentionsbildung in der nicht-intentionalen Phase. In dieser Phase werden Personen auch als Unmotivierte bezeichnet.[3] Am Beispiel der Rauchentwöhnung wird die rauchende Person nicht ohne Grund aufhören zu rauchen, es ist keine Motivation zum Aufhören vorhanden.

Der Grundstein in der Motivationsphase setzt die **Wahrnehmung des Risikos** für die Intentionsbildung voraus. Die Risikowahrnehmung wird als Erwartung verstanden, die durch Verwundbarkeit in Bezug auf eine gesundheitliche Gefahr sowie der empfundene Schweregrad wahrgenommen wird.[4] In Folge der Verwundbarkeit stellen die Personen einen Zusammenhang zwischen der Situation, in diesem Fall das Rauchen und dem daraus folgenden Ergebnis her. Das zukünftige Ergebnis des Rauchens könnte durch die Einschätzung der eigenen Anfälligkeit erkannt werden. Im Bezug dessen kann das Rauchen von der Person als Risiko angesehen werden für z.B. die Erkrankung an Lungenkrebs oder einem Herzinfarkt. Zu dieser Einschätzung kann die Person gelangen nachdem z.B. eine Dokumentation über das Rauchen angesehen wurde oder ein Angehöriger einen Herzinfarkt aufgrund des Rauchens erlitt. Des Weiteren muss auf Grundlage der Verwundbarkeit, der Schweregrad zwischen dem Ergebnis und seinen Folgen identifiziert werden. Das Ergebnis des weiteren Rauchens, wäre mit den Folgen z.B. früher Tod, Lungenkrebs und Herzinfarkt usw. verbunden. Aus diesem Kontext könnte die Person den Entschluss fassen „Durch Lungenkrebs oder einen Herzinfarkt könnte ich nicht mehr intensiv meinem Hobby Sport nachgehen und mein Leben könnte schneller vorbei sein. " Insgesamt ergibt sich daraus das persönliche Risikoeinschätzung einer Person, die in Bezug auf das Rauchen so lauten könnte: „Ich habe Angst vor den Folgen des Rauchens dieser ungesunden Verhaltensweise".[5] Allerdings reicht für die Intentionsbildung nicht nur die Risikowahrnehmung aus. [6]

---

[3] Vgl. Schwarze / Fleig (2014), S. 5
[4] Vgl. Faltenmaier (2017), S. 164
[5] Vgl. Vollmann / Weber (2005), S.444 & Faltenmaier (2017), S. 164
[6] Vgl. Schwarze / Fleig (2014), S. 5

Ein weitere wichtige Variable in der Intentionsbildung ist die **Handlungs-Ergebnis-Erwartung.** Diese wird nochmal in positive und negative Erwartung unterteilt, in dem Fall kann es als Vor-und Nachteile für die Initiierung und Aufrechterhaltung einer Verhaltensänderung aufgefasst werden.[7] Die Intentionsbildung wird durch die Entscheidungsbalance positiver und negativer Erwartungen begünstigt. Es müssen der Person Verhaltensweisen bewusst sein, die ggf. dazu in der Lage sind, das gewünschte Ergebnis zu erreichen bzw. Bedrohungen zu reduzieren. Bei einer Rauchentwöhnung wäre eine überwiegende positive Handlung-Ergebnis-Erwartung von Vorteil. So kann die Person, die mit Rauchen aufhören möchte, alles Positive, wie z.B. „Wenn ich aufhöre zu rauchen, dann habe ich eine bessere Ausdauer und ich bekomme wieder besser Luft" und negativ, wie z.B. „Wenn ich aufhöre zu rauchen, gehe ich weniger an die frische Luft" auf einem Zettel gegenüber aufschreiben und gegeneinander abwägen. Sobald die Person in eine positive Handlungs-Ergebnis-Erwartung kommt, kann zu der nächsten Variable übergegangen werden.[8]

Die letzte wichtige Variable im Bezug zu Intentionsbildung ist die **Selbstwirksamkeitserwartung.** Personen müssen davon überzeugt sein auf Grundlage der eigenen Kompetenzen bestimmte Verhaltensweisen auszuführen bzw. auch durch Barrieren, schwierige Ziele erreichen zu können. In Bezug auf die Rauchentwöhnung sollte die Person von sich überzeugt sein, dies zu schaffen, unabhängig davon wie schwer es sein wird.

Nachdem die Variablen zur Intentionsbildung geklärt sind und die Person eine Zielsetzung gefasst hat, wie z.B. Ich werde mit dem Rauchen aufhören, endet die Motivationsphase. Auf dieser Grundlage kann in die Volitionsphase übergeleitet werden. Volition bezeichnet die Fähigkeiten, Vorstellungen in gezieltes Handeln umzusetzen aus denen Resultate entstehen, kurz wird es auch als Umsetzungskompetenz oder Willenskraft bezeichnet.[9] Dort befindet sich die Person in der intentionalen Phase.[10] In dieser Phase des HAPA-Modells findet die Umsetzung der Zielsetzung in gesundheitsbezogenes Handeln statt. Die

---

[7] Vgl. Moor / Wandfluh (2012), S. 36
[8] Vgl. Vollmann / Weber (2005), S.444
[9] Vgl. Pelz (2018)
[10] Vgl. Lippke/ Schüz (2018), S. 6

Erreichung der Verhaltensänderung ist an eine Reihe aufeinander folgender Prozesse geknüpft. In der präaktionalen Phase sind die **Planung** und die **Initiative** elementar und in der aktionalen Phase ist die **Handlungsausführung** sowie die **Aufrechterhaltung** verankert. Zum Schluss beinhaltet die postaktionale Phase, die **Wiederherstellung** sowie **Disengagement** bei Misserfolg.

Zu Beginn wird in der **präaktionalen Phase** das beabsichtigte Verhalten geplant und vorbereitet. Damit die Person das Rauchen aufhören kann, kann ihre Vorbereitung mit dem Wegwerfen aller Feuerzeuge und Zigaretten beginnen. Sobald dies erfolgt ist, kann die Person einen konkreten Plan aufstellen und sich einen Vorsatz bilden, wie, wann und unter welchen Bedingungen soll die Rauchentwöhnung realisiert werden. In Bezug darauf könnte ein möglicher Vorsatz wie folgt lauten: "Ich werde nach dem kommenden Wochenende alle meine Zigaretten wegwerfen und ab diesem Zeitpunkt aufhören zu rauchen, da es meine Gesundheit negativ beeinflusst." Angemessene Gelegenheiten bzw. auch mögliche Schwierigkeiten sollen an bestimmte Verhaltensregeln gebunden werden, dass bei einem Verlangen nach einer Zigarette, eine befriedigende Alternative vorhanden ist, wie z.B. Schokolade oder Kauf eines Luxusartikel. [11] Um eine genaue Planung zu haben ist es in dieser Phase wichtig, die Selbstwirksamkeit zu beachten, um langfristigen Erfolg mit der Verhaltensänderung zu haben.

Im Anschluss folgt die **aktionale Phase**, bei der die Handlung aus dem Unterlassen des Risikoverhaltens bzw. das Ausführen des Gesundheitsverhaltens besteht. Eine Gewohnheit oder etwas Reizvolles, wie beispielsweise das Rauchen zu unterlassen, erfordert eine aktive Bewältigung mit der nötigen Volitionsstärke.[12] Für eine Handlung wird eine ständige Handlungsausführungskontrolle veranlasst, um die Handlung und die Intention gegen konkurrierende Intentionen abzugrenzen.[13] Eine konkurrierende Intention kann bei der Rauch-Entwöhnung, die Gewichtsabnahme sein. Um nicht das Ziel aus den Augen zu verlieren ist eine metakognitive Abschirm – und Durchhaltetendenz wesentlich. Dies beinhaltet den Belohnungsaufschub, der bei

---

[11] Vgl. Vollmann / Weber (2005), S.445
[12] Vgl. Schwarzer (2004), S.94
[13] Vgl. Bareiß/ Meister/ Merk (2013), S.64

der Rauchentwöhnung auf eine Zigarette im jetzigen Moment zu verzichten und dafür sich in Zukunft einer besseren Gesundheit zu erfreuen, bedeutet. Des Weiteren sollte die Person die Rauchentwöhnung als Fernziel ansehen und dieses hierarchisch in Nahziele unterteilen, da stets eine Aufmerksamkeits- und Emotionsregulation erforderlich ist.[14] Hier ein Bespielaufbau für Nahziele, bei der Rauch Entwöhnung:

Tabelle 1: Nah- und Fernziele der Rauchentwöhnung

Fernziel	Nahziel
	1 Woche ohne Rauchen
	2 Woche ohne Rauchen
	4 Woche ohne Rauchen
Komplette Rauchentwöhnung	6 Wochen ohne Rauchen
	3 Monate ohne Rauchen
	4 Monate ohne Rauchen
	6 Monate ohne Rauchen

Ebenfalls spielt Selbstwirksamkeitserwartung in dieser Phase eine bedeutende Rolle, da diese Anstrengung, Ausdauer und den Umgang mit Schwierigkeiten bei der Rauchentwöhnung positiv beeinflusst.[15]

Abschließend erfolgt die **postaktionale Phase,** dort wird der Erfolg oder Misserfolg aufgeführt und anhand der zuvor ausgeführten Handlung sowie die Zuschreibung von Ursachen bewertet. Die Volitionsstärke kann bei Erfolg gestärkt werden und bei Misserfolg kann diese verringert werden. Ist die Rauch-Entwöhnung misslungen, kann diese zwei Ursachen haben. Zum einen kann die Rauchentwöhnung gescheitert sein, da die Fähigkeiten bzw. die Intention nicht so ausgeprägt war, dies hat allerdings auch einen negativen Einfluss auf die Volitionsstärke. Zum anderen kann die Rauchentwöhnung durch äußere Einflüsse gescheitert sein, wie z.B. durch einen großen Rückschlag im Leben, wie die Scheidung oder Tod eines Partners. Wurde der Misserfolg durch äußere Einflüsse begünstigt, besteht die Möglichkeit eines zweiten Versuches bei der Person. Bei einer erfolgreichen Rauchentwöhnung, die auf die eigenen

---

[14] Vgl. Schwarzer (2004), S.94
[15] Vgl. Bareiß/ Meister/ Merk (2013), S.64

Fähigkeiten zugeschrieben werden kann, kann mit einer bestärkten Selbstwirksamkeitserwartung und mit einer bestärkten Volitionsstärke gerechnet werden. Im Gegensatz dazu kann eine erfolgreiche Rauchentwöhnung für weitere Versuche hinderlich sein, wenn diesen externen Einflüssen zugeschrieben wird.[16] Das heißt sollte nach einer Rauchentwöhnung durch externe Einflüsse, wie z.B. soziale Zugehörigkeit (Gruppenzwang), es wieder dazu kommen, dass die Person anfängt zu rauchen, so sollte eine weiter Rauchentwöhnung nicht so einfach sein. Die meisten Rauchentwöhnungen werden abgebrochen, dies kann an einem Mangel der Volitionsstärke oder an einer niedrigen Selbstwirksamkeitserwartung liegen. Die Theorie (Theory of Trying) von Bagozzi und Warshaw (1990) war die Annahme, dass nach einem Misserfolg die Wahrscheinlichkeit eines Erfolgs erhöht werden kann. Dies konnte zu einer späteren Zeit empirisch, anhand der Rauchentwöhnung gezeigt werden. So kann festgehalten werden, dass durch einen Misserfolg mit der Rauchentwöhnung, die Erfahrungen steigen und dadurch das Verhalten später in schwierigen Situationen besser durchgehalten werden kann.[17]

---

[16] Vgl. Vollmann / Weber (2005), S.445 & Schwarzer (2004), S.94
[17] Vgl. Schwarzer (2004), S.95

2.0 Teilaufgabe

2.1 Messung der Einstellung

In der Markt- und Werbepsychologie sind verschiedene Messmethoden und Variablen vorhanden, um das Kaufverhalten der Konsumenten zu messen. Bei einer Werbung wird dabei in folgende Variablen Gedächtnis, Informationsverarbeitung, Aufmerksamkeit, Produkthandhabung, Einstellungen und Qualität differenziert. [18]

Im Folgenden soll die Variable Einstellung näher erläutert werden, da dies einen starken Einfluss auf das (Konsum-) Verhalten hat. [19] Anhand des vorgegebenen Beispiels "Erläutern Sie am Beispiel „e-Bikes", wie Sie die Einstellungen von (potenziellen) Fahrradkäufern gegenüber batterieunterstützen Fahrrädern mit einem Elektrohilfsmotor messen würden", wird die Wichtigkeit dieser Variable nochmal verdeutlicht.

Am Anfang sollte der Begriff Einstellung definiert werden. Die psychologische Tendenz beschreibt die positive oder negative Bewertung von Gegenständen, Personen, Ideen, Marken, Unternehmen oder Verhaltensweisen in Bezug zur Einstellung. [20] Demzufolge ist die Einstellung wertend und immer mit einem Objekt oder Verhalten verknüpft. Unteranderem können Einstellungen nur erlernt werden und bleiben meist beständig. [21]

Ein bekannter Ansatz zu Einstellungen besteht aus drei konzeptuellen, unterscheidbaren Reaktionen, auch unter dem Namen Drei-Komponenten-Modell bekannt. Dieses Modell beinhaltet die kognitiven, affektiven und konativen Komponenten. Die Kognitive Komponente umfasst die Überzeugung, Meinung und Vorstellungen der Fahrradkäufer gegenüber E-Bikes oder einem normalen Fahrrad. Die Affektive Komponente zeigt die Zuneigung oder Abneigung gegenüber einem E-Bike. Die letzte Komponente ist die konative, diese enthält die Verhaltensabsichten und Handlungstendenzen in Bezug auf den Kauf eines normalen Fahrrads oder eines E-Bikes. [22] Um diese Komponenten der Einstellung messen zu können, wird zwischen der expliziten – und impliziten

---

[18] Vgl. Felser (2015), S.450
[19] Vgl. Hoffmann/Akbar (2019), S.90
[20] Vgl. Eagly/Chaiken (1993), S.1
[21] Vgl. Trommsdorff/Teichert (2011), S.126
[22] Vgl. Hoffmann/Akbar (2019), S.91

Einstellungsmessung unterschieden. Um die zwei Methoden zu differenzieren, sollten die Begriffe kurz erläutert werden. Die implizierte Einstellung äußert sich nur im Verhalten. Diese ist der Person meistens nicht bewusst und ist durch schnelle, automatisch Bewertung gekennzeichnet bzw. wird die Einstellung auch beim Nachfragen nicht erwähnt. Die explizite Einstellung unterscheidet sich von der Implizierten dadurch, dass die Möglichkeit einer bewussten Korrektur besteht und diese bewusst, verbalisiert erfolgt.[23] So kann zum Beispiel eine negative explizite Einstellung zu E-Bikes bei einer Person bestehen, da die Freunde eventuell E-Bikes verpönen mit, „das ist doch kein richtiges Fahrrad". Allerdings könnte die implizite Einstellung positiv aussehen, da der Konsument selbst eine Unterstützung in einem E-Bike sieht. Aufgrund dieser Tatsache werden sich beide Einstellungsmessungen im Bezug zum Fahrradkauf betrachtet.

Aus dieser Zusammensetzung der Merkmale ergeben sich unterschiedliche Methoden zur Messung von Einstellungen, diese sind in der Abbildung verdeutlicht. Im ersten Schritt sollten sich die **expliziten**

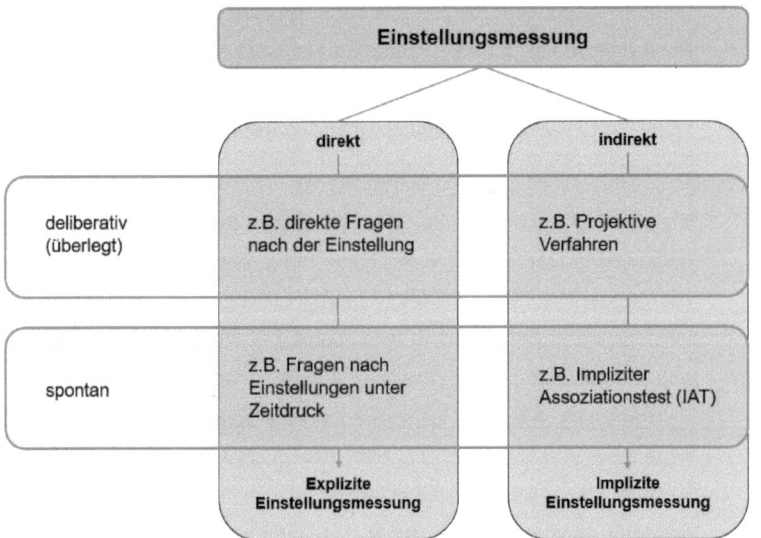

Abbildung 2: Explizite vs. Implizite Einstellungsmessung

(Quelle: Eigene Darstellung in Anlehnung an Felser (2015))

---

[23] Vgl. Felser (2015), S.260

Einstellungsmessungen betrachtet werden, diese wird auch als subjektives Verfahren bezeichnet. Die erste ausgewählte Einstellungsmessung könnte in einem Fahrradladen oder auf dem Gelände der Hochschule durchgeführt werden. Dafür sollte die deliberativ und direkte Methodik verwendet werden und den Fahrradfahrern direkte Fragen gestellt werden, wie z.b. Wenn Sie sich ein neues Fahrrad kaufen würden, wäre es eines mit oder ohne Elektromotor? Eine weitere Möglichkeit bei dieser Methode ist es anhand einer Ratingskalar die Personen zu befragen. In Bezug auf das Beispiel, könnte eine Frage sein, mit welcher Wahrscheinlichkeit würden Sie ein Fahrrad mit Elektromotor kaufen? Die Antwort kann im Anschluss auf einer Skala eingetragen werden, die von eher nicht wahrscheinlich bis sehr wahrscheinlich geht. [24]

Ein komplizierterer Ansatz wäre es, Personen spontan und direkt unter Zeitdruck nach ihren Einstellungen zu fragen. Um diesen Ansatz zu erproben, könnten Mitarbeiter eines Fahrradladens, Personen danach fragen, was ihnen spontan für Adjektive oder Gefühle zu einem E-Bike einfallen.[25] Anhand dieser Messung kann eine erste Einschätzung zu den aktuellen Einstellungen potenzieller Fahrradkäufer für batterieunterstützende Fahrräder gegeben werden. Allerdings sind diese Methoden nicht unbedingt aussagekräftig, da diese bewusst als Einstellungsmessung wahrgenommen werden und es bei sozialer Unerwünschtheit zu keiner individuellen richtigen Aussage kommen kann.

Deshalb sollte hauptsächlich auf die **impliziten Einstellungsmessung** zurückgegriffen werden, auch indirekte Messung genannt, diese wird wie die Explizite in deliberativ und spontan unterschieden. Dennoch kann die Explizite eine gute Ergänzung zu impliziten Einstellungsmessung sein.

Der **implizite Assoziationstest** ist indirekt und spontan, dazu gehört ein weit verbreitetes Reaktionszeitverfahren wie IAT. Es wird die Assoziationsstärke von Kategorien gemessen.[26] Bei dem Testverfahren sollen die Probanden anhand des Computerbildschirms angezeigten Stimuli schnellstmöglich durch die angeschlossene Tastatur reagieren. In Bezug auf die Reaktionszeit bei dem Test werden anschließend Rückschlüsse auf die Einstellung der Person

[24] Vgl. Werth et al. (2020), S. 296
[25] Vgl. Felser (2015), S.260
[26] Vgl. Werth et al. (2020), S. 296

geschlossen.[27] Dadurch, dass das Verfahren sehr aufwendig ist und für die Messung der Einstellung von Fahrradkäufern zu abstrakt ist, wird noch ein weiteres Verfahren betrachtet.

Ein weiterer impliziter Ansatz zur Messung von Einstellungen ist das **Projektive Verfahren**, welches im Gegensatz zum IAT deliberativ ist. Das Verfahren findet in der Marktforschung am häufigsten Anwendung zur Einstellungsmessung, da damit unbewusste bzw. nur schwer artikulierbare Vorbehalte gegen E-Bikes bzw. auch andere Produkte festgestellt werden können.[28] Ein projektives Verfahren soll als Reizvorlage für eigene Gedanken und Urteile dienen, wobei die Aufgabe nichts mit der eigentlichen Frage zu tun hat.

Im Folgenden werden zwei der bekanntesten Techniken des projektiven Verfahrens anhand des vorgegebenen Beispiels vorgestellt. Die einfachste und bekannteste Technik ist die **projektive Frage**. Dabei wird eine indirekte Frage nach Verhalten oder Einstellung an die Person in dritter Form gestellt. Anstatt das potenzielle Fahrradkäufer gefragt werden "Würden Sie sich eher ein E-Bike oder ein normales Fahrrad kaufen?" kann gefragt werden: „Würden Ihre Freunde sich ein E-Bike kaufen wollen?". Ein Problem bei dieser Technik kann sein, dass die Person eventuell Ihre Einstellung auf die der Drittenperson projiziert. Auf Grund dessen sollte noch mindestens eine weiteres projektives Verfahren zur Einstellungsmessung durchgeführt werden. Eine weitere projektive Technik ist das **Bilderzuordnungsverfahren**, auch unter dem Begriff Collagen-Technik bekannt. Dabei geht es Wahrnehmungen und Erinnerungen einer Person hervorzurufen, da diese meistens die Einstellungen und das Verhalten beeinflussen. Hierbei sollen potenzielle Fahrradkäufer dem batterieunterstützen Fahrrad eine Sammlung von Bilder zuordnen, die dem batterieunterstützen Fahrrad optimaler Weise entsprechen. Die Bilder werden der Person aus zum Beispiel Zeitschriften zur Verfügung gestellt.[29]

Um das Ganze beim potenziellen Fahrradkäufern anzuwenden und herauszufinden, welche Einstellungen diese zu einem batterieunterstützenden Fahrrad pflegen, sollte ein Interviewstand an einem Fahrradgeschäft aufgebaut

---

[27] Vgl. Pilschke (2012), S. 74
[28] Vgl. Felser (2015), S.270
[29] Vgl. Winter (2000)

werden. Zu Vorbereitung gehört nicht nur das Materialen zu beschaffen, sondern auch die Anwesenheit eines Psychologen, der entsprechende Qualifikationen aufweist, da es wichtig ist die Ergebnisse bzw. Antworten interpretieren zu können.[30]

Am Anfang sollten die Kunden gefragt werden, ob sie Lust haben an einem Interview teilnehmen zu wollen. Sollten die Kunden, keine Lust auf ein Interview haben, können diese auch einfach einen vorgefertigten Fragebogen ausfüllen, der im Nachgang ausgewertet werden kann.

Zu Beginn sollte mit der **impliziten Einstellungsmessung**, dem projektiven Verfahren mit den zwei Techniken begonnen werden. Das wichtige ist dabei, dass für die Collagentechnik bzw. Bildzuordnungsverfahren das entsprechende Material vorhanden ist, wie z.b. Fotos, Bilder, Stoffreste, Wolle und Kartons als Unterlage.[31] Nachdem beide Techniken zur impliziten Einstellungsmessung durchgeführt wurden, geht es über in die **explizite Einstellungsmessung**. Dabei wird eine direkte Frage an den potentiellen Fahrradkäufer gestellt. Bei allen Antworten sollte auf die Pupillenreaktion und auf die Reaktionszeit der Person geachtet werden. Eine Pupillenreaktion oder andere physiologischen Reaktionen können meistens nicht bewusst gesteuert werden und ist dadurch nie unverfälscht. Zusätzlich kann die Reaktionszeit sehr informativ in Bezug zur Einstellung sein.[32] Wird auf eine Frage schnell geantwortet zeigt es eine starke Präferenz. So kann auf die Frage: „Wenn Sie sich ein neues Fahrrad kaufen würden, wäre es eines mit oder ohne Elektromotor?" eine schnelle Antwort mit „ohne Elektromotor" folgen. Auf Grundlage dieser schnellen Antwort kann darauf geschlossen werden, dass die Person sich höchstwahrscheinlich niemals ein batterieunterstützendes Fahrrad kaufen würde.[33] Während des Interviews sollten sich alle Antworten bzw. Reaktionen usw. auf einem Zettel notiert werden, damit im Nachgang nochmals die Einstellung der Käufer eines batterieunterstützenden Fahrrads genauer analysiert werden können.

---

[30] Vgl. Winter (2000)
[31] Vgl. Winter (2000)
[32] Vgl. Felser (2015), S.447
[33] Vgl. Merk/Meister/Thunsdorff (2015), S.32

3.0 Teilaufgabe

3.1 Definition von Organisationsklima

Das Organisationsklima umfasst soziale Aspekte, wie z.B. die Einstellung oder die Stimmung und beschreibt die Umgangsform der Organisationsmitglieder durch die jeweils geteilte Wahrnehmung bzw. Stimmung der betrieblichen Bedingungen. Es werden nicht nur soziale Aspekte berücksichtigt, sondern auch andere die für die Mitarbeiter einer Organisation wichtig sind, wie z.B. Mitsprachemöglichkeiten, Vorgesetzte, Kollegen, Aufbau- und Ablauforganisation. Das Organisationsklima ist relativ zeitlos, welches das subjektive Erleben, das Verhalten und die Zufriedenheit der Organisationsmitglieder beeinflusst.[34] Des Weiteren kann das Organisationsklima als Basis dienen, um die Organisationsituation zu beschreiben.

Rosenstiehl und Nerdinger definieren Organisationsklima, wie folgt: *„Die relativ überdauernde Qualität der inneren Umwelt der Organisation, die durch die Mitglieder erlebt wird, ihr Verhalten beeinflusst und durch die Werte einer bestimmten Menge von Merkmalen der Organisation beschrieben werden kann"*[35]

Allerdings ist der Begriff Organisationsklima auch ein soziales Phänomen, welches begrifflich sowie empirisch schwer zu klassifizieren ist. Es kann als das Ergebnis komplexer Wahrnehmungs- und Kognitionsprozesse der Organisationsmitglieder erfasst werden.[36] Um den Begriff Organisationsklima in der Organisationspsychologie von anderen gebräuchlichen Begriffen, die die Einstellung der Mitarbeiter definieren, abzugrenzen, sollte sich der Begriff auf verschiedene Facetten untersucht werden. Zuerst sollte die erste Facette, die Analyseeinheit betrachtet werden, diese ist in Individuum und soziales Kollektiv unterteilt. Die zweite Facette enthält das Analyseelement, welches entweder die Arbeit oder die Organisation ist. Zuletzt sollte sich die dritte Facette, die Art der Messung angeschaut werden. Das Organisationsklima kann anhand einer Beschreibung oder eine Bewertung gemessen werden. Da eine Organisation

---

[34] Vgl. Fichter (2018), S.168
[35] Rosenstiel & Nerdinger (2011), S. 371
[36] Vgl. Conrad/ Sydow (1984), S.2

kein Individuum ist, wird es der Analyseeinheit soziales Kollektiv zugeordnet, somit ist auch das Analyseelement Organisation festgelegt. Abschließend kann die Beschreibung zur Messung des Organisationsklimas erfasst werden. [37] Des Weiteren kann das Organisationsklima bewusst wahrgenommen werden und somit kann es relativ leicht gemessen und gestaltet werden.[38]

3.2 Organisationsklima messen

Organisationsklima kann laut Friedburg (1963) über das Verhalten oder Verhaltenskonsequenzen durch die systematische Erfassung gemessen werden oder über die Critical-Incident-Technique (CIT) von Flanagan (1954) erfasst werden. Die Critical-Incident-Technique ist eine Methode zur Erfassung der kritischen Ereignisse. Diese beiden Verfahren finden in der Praxis allerdings selten Anwendung.

Dadurch, dass das Organisationsklima bewusst wahrgenommen wird, kann die Erfassung z.B. mittels eines Fragebogens gut erfasst werden. Nach Ostroff (1993) beinhalten Fragen zu dem Organisationsklima drei Kategorien, die als affektive, kognitive und instrumentelle Facette bezeichnet werden. Die **affektive** Facette schließt soziale Beziehungen und soziales Involvement ein (z.B. Wärme oder soziale Belohnung), die **kognitive** Facette enthält die eigene Entwicklung und das Selbst (z.B. persönliches Wachstum, Autonomie) und die **instrumentelle** Facette umfasst die Arbeitsprozess und das Involvement in die Aufgabe (z.B. Hierarchie).[39]

Die meisten Fragebögen erfüllen die bekannten Gütekriterien (Objektivität, Reliabilität und Validität). Bei empirischen Untersuchungen zum Organisationsklima werden etwa 20 standardisierter Erhebungsinstrumente verwendet, die jeweils aus 50 bis 150 standardisierten Fragen bzw. Statements bestehen. Diese Fragen werden meistens anhand einer 5-Punkte Skala beantwortet, die z.B. von 1. Stimmt bis 5. Stimmt nicht reicht.[40] Der bekannteste Fragebogen in Deutschland zur Ermittlung des Organisationsklimas entwickelte Rosenthiel. In dem Fragebogen befinden sich Aussagen über den Vorgesetzten,

---

[37] Vgl. Nerdinger (2019), S.166
[38] Vgl. Fichter (2018), S.165 - 168
[39] Vgl. Fichter (2018), S.168
[40] Vgl. Conrad/ Sydow (1984), S.192

die Organisation, die Interessensvertretung, die betriebliche Leistung, die Organisation und die Kollegen. [41]

Erfassung des Organisationsklimas: Betrieb als Ganzes (von Rosenstiel & Bögel, 1992)

Im Folgenden finden Sie eine Reihe von Fragen. Die Fragen beziehen sich auf den Betrieb, in dem Sie arbeiten – nicht nur auf Ihren Arbeitsplatz. Bitte beschreiben Sie, wie Sie Ihren Betrieb – soweit Sie ihn über Ihren Arbeitsplatz hinaus kennen – sehen. Geben Sie dazu auf einer Skala von „1 = stimmt" bis „5 = stimmt nicht" an, ob die folgenden Aussagen zutreffen oder nicht. Bitte beantworten Sie zuerst einige allgemeine Fragen:

	1	2	3	4	5
1. Unsere Firma legt großen Wert darauf, dass die Mitarbeiter gern hier arbeiten.	☐	☐	☐	☐	☐
2. Es ist angenehm, für unsere Firma zu arbeiten.	☐	☐	☐	☐	☐
3. In unserem Betrieb werden Anstrengungen unternommen, die Arbeitsbedingungen menschengerecht zu gestalten.	☐	☐	☐	☐	☐

Abbildung 3: Fragebogen zur Messung des Organisationsklimas

(Quelle: Rosenstiel/ Bögel (1982) & Nerdinger (2019), S.166)

Die Fragen aus dem Abbild erfasst das allgemeine Organisationsklima, damit wird aus allen Antworten ein Mittelwert errechnet.

Nachdem die Organisationsmitglieder den Fragebogen ausgefüllt haben, beginnt die Auswertung. Das Ergebnis der Auswertung ist nicht immer aussagekräftig, da keine Bedeutung der Mittelwerte einzelnen Dimensionen, die drei oberen beschriebenen Facetten, vorhanden ist. Damit die Ergebnisse interpretiert werden können, sollten die Mittelwerte anderer ähnliche Unternehmen als Vergleich herangezogen werden. [42]

3.3 Auswirkungen auf die Organisationsmitglieder

Das Organisationsklima kann von vielen verschiedenen Faktoren beeinflusst werden bzw. abhängig sein, wie z.B. der Geschäftserfolg, Organisationskultur, internes Konkurrenzverhalten und externer Wettbewerb.[43] Nach dem schwedischen Forscher Ekvall können verschiedene personale sowie äußerliche Gegebenheiten Auswirkungen auf das Organisationsklima haben, welches den sogenannten „Output" der Organisation beeinflussen kann. So wird aus dem Erleben ein Verhalten, dass die Produktivität, den Gewinn und die Innovation eines Prozesses sowie die Zufriedenheit und das Wohlbefinden der Mitarbeiter beeinträchtigt. Der sogenannte „Output", das Verhalten trägt zu dem Organisationsklima wieder als „Input" bei. So kann ein zufriedener Mitarbeiter,

---

[41] Vgl. Rosenstiel/ Bögel (1982)
[42] Vgl. Nerdinger (2019), S.166
[43] Vgl. Fichter (2018), S.168

sein Wissen einsetzten, welches wiederum Motivation innerhalb der Organisation auslöst. Ekvall differenziert in zehn Einflussfaktoren des Organisationsklimas. Um diese zu verdeutlichen, werden sechs der zehn Einflussfaktoren näher erläutert: [44]

1. Herausforderung

Positive Herausforderungen können durch die Sinnhaftigkeit und Freude im Job erlebt werden, wodurch viel Energie in den Job gesteckt wird. Besteht allerdings keine positive Herausforderung, so können Organisationsmitglieder ein Gefühl der Entfremdung oder Gleichgültigkeit spüren.

2. Unterstützung von Ideen

Durch eine starke Ausprägung dieser Dimension, hören Organisationsmitglieder einander zu und fördern Initiativen. Außerdem kann dadurch eine positive Atmosphäre entstehen, um neue Ideen zu testen.

3. Vertrauen/ Offenheit

Bei großem Vertrauen ist die Offenheit für Ideen, Meinungen, Kommunikation mehr vorhanden. Besteht weniger Vertrauen unter den Organisationsmitgliedern, so kann die Angst zu scheitern oder die Angst vor Ideenklau bestehen.

4. Verspieltheit

Positive Emotionen wie z.B. Spaß, Wohlbefinden und Freude können einen großen Einfluss auf Organisationsmitglieder haben. Die Motivation ist bei einer entspannten Atmosphäre, bei der auch einmal gelacht wird, motivierender als bei ernsten, seriösen Zusammenhängen.

5. Konflikte

Konflikte sind meistens negativer Herkunft. Herrscht ein hohes Konfliktpotenzial unter den Organisationsmitgliedern, so kann sich dies ebenso negativ auf das Organisationsklima auswirken.

6. Risikobereitschaft

Eine Risikobereitschaft ist dann gegeben, wenn die Toleranz von Unsicherheiten in der Organisation behandelt werden. So kann bei einer hohen Risikobereitschaft eine Entscheidung schnell getroffen werden. Im

---

[44] Vgl. Bormann (2015), S.122

Gegensatz dazu ist bei einer niedrigen Risikobereitschaft ein zögerndes oder vorsichtiges Verhalten zu erwarten.[45]

Eine weitere Annahme zu den Auswirkungen des Organisationsklimas auf die Organisationsmitglieder war die Metaanalyse von Carr et al. (2003). In Bezug darauf, zeigte sich durch die drei identifizierten Dimensionen nach Ostroff (1993) eine Auswirkung auf die Arbeitszufriedenheit und das Commitment zur Organisation. Aus diesem Grund kann ein Zusammenhang auf die Arbeitsleistung, das psychische Wohlbefinden und auf ein Rückzugsverhalten der Organisationsmitglieder geschlossen werden. Mit der Metaanalyse konnte der bestmögliche Effekt durch die affektive Facette auf das Organisationsklima festgestellt werden.[46]

Zusammenfassend kann das Organisationsklima als Ursache und als Folge für ein Erleben oder Verhalten verantwortlich sein. Wird das Organisationsklima als Ursache betrachtet, so kann die Arbeitsmotivation und -leistung, Führungsverhalten, Entscheidungsstil, Arbeitszufriedenheit usw. beeinflusst werden. Des Weiteren kann das Organisationsklima auch eine Folge sein, welches durch organisatorische Gegebenheiten beeinträchtigt wird, wie z.B. der Aufbau- und Ablauforganisation oder dem Verhalten der Organisationsmitglieder.[47]

---

[45] Vgl. Bormann (2015), S.122
[46] Vgl. Fichter (2018), S.168
[47] Vgl. Rosenstiel/ Bögel (2014), S.195

4.0 Literaturverzeichnis

Bareiß A./ Meister A./ Merk J. (2013), Studienbrief: Gesundheits- und Arbeitspsychologie,1.Auf., Riedlingen

Bareiß A./ Meister A./ Merk J. (2013), Studienbrief: Personal- und Organisationspsychologie, 1.Auf., Riedlingen

Bormann K. (2015), Organisationsklima und Organisationskultur, In: Innovationsförderndes Human Resource Management, Springer: Berlin/ Heidelberg

Conrad P./Sydow J. (1984) Organisationsklima, IN: Staehle W. H. (1984), Mensch und Organisation 10, Walter de Gruyter: Berlin/ New York

Eagly A. H. / Chaiken S. (1993), The psychology of attitudes, Forth Worth: Harcourt

Faltermeier T. (2005), Gesundheitspsychologie: Grundriss der Psychologie Band 21, 2.Auflage, Stuttgart

Felser G. (2015), Werbe- und Konsumentenpsychologie, 4. Auf., Springer: Berlin/ Heidelberg

Fichter C./ Basel J./ Keller S. (2018) Organisation. In: Fichter C. (eds) Wirtschaftspsychologie für Bachelor, Springer: Berlin/Heidelberg

Lippke S./ Schüz B. (2018), Modelle gesundheitsbezogenes Handelns und Verhaltensänderung, In: Haring R. (eds), Gesundheitswissenschaften, Springer: Berlin/Heidelberg

Hoffmann S./ Akbar P. (2019), Einstellung, In: Konsumentenverhalten, 2.Auflage, Springer Gabler: Wiesbaden

Merk J./Meister A./Thunsdorff C. (2015), Studienbrief: Markt-und Werbepsychologie, 2.Auf., Riedlingen

Moor E./ Wandfluh R. (2012), Master-Arbeit - MAS Prävention & Gesundheitsförderung, Avegon/Zofingen

Nerdinger F.W. (2019), Organisationsklima und Organisationskultur, In: Arbeits- und Organisationspsychologie, Springer: Berlin/Heidelberg

Rosenstiel L./ Bögel R. (2014), Arbeitszufriedenheit und Organisationsklima, IN: Führung von Mitarbeitern – Handbuch für erfolgreiches Personalmanagement, 7. Aufl., Stuttgart: Schäffer-Poeschel.

Rosenstiel L./ Nerdinger F. W. (2011) Grundlagen der Organisationspsychologie, 7. Aufl., Stuttgart: Schäffer-Poeschel.

Schwarzer, R. / Fleig, L. (2014), Von der Risikowahrnehmung zur Änderung des Gesundheitsverhaltens, Berlin, In: Zentralblatt für Arbeitsmedizin, Arbeitsschutz und Ergonomie volume 64, p. 338–341

Schwarzer, R. (2004), Psychologie des Gesundheitsverhaltens. Einführung in die Gesundheitspsychologie, 3. Auf., Hogrefe: Göttingen

Trommsdorff V./ Teichert, T. (2011), Konsumentenverhalten, 8. Auf., Kohlhammer: Stuttgart

Werth L., Denzler M., Mayer J. (2020), Einstellungen. In: Sozialpsychologie – Das Individuum im sozialen Kontext, 2.Auf., Springer: Berlin/Heidelberg

Internetquellen

Pelz W. (2018), Von der Motivaton zur Volition – Motive in Resultate (Erfolge) umzusetzen, Institut für Management-Innovation, Bad Soden

> Abgerufen am 23.04.2020 von http://www.volition-motivation.de/index.html

Plischke T. (2012), Reaktionszeiten als Indikatoren für politische Einstellungen: der Implizite Assoziationstest (IAT), Methoden, Daten, Analysen (mda), 73-98

> Abgerufen am 14.04.2020 von https://nbn-resolving.org/urn:nbn:de:0168-ssoar-343371

Winter S. (2000) Projektive Verfahren, Karlsruhe

> Abgerufen am 14.04.2020 von http://nosnos.synology.me/MethodenlisteUniKarlsruhe/imihome.imi.uni-karlsruhe.de/nprojektive_verfahren_b.html

BEI GRIN MACHT SICH IHR
WISSEN BEZAHLT

- Wir veröffentlichen Ihre Hausarbeit,
  Bachelor- und Masterarbeit

- Ihr eigenes eBook und Buch -
  weltweit in allen wichtigen Shops

- Verdienen Sie an jedem Verkauf

Jetzt bei www.GRIN.com hochladen
und kostenlos publizieren